AF413632

First Phrases from Around the World
Everyday Vietnamese
Kim Thompson
Little Mitchie
an imprint of Mitchell Lane

Creating Young Nonfiction Readers

Little Mitchie lets children delve into nonfiction at beginning reading levels. Young readers are introduced to new concepts, facts, ideas, and vocabulary.

Tips for Reading Nonfiction with Young Readers

Talk about Nonfiction

Begin by explaining that nonfiction books give us information that is true. The book will be organized around a specific topic or idea, and we may learn new facts through reading.

Look at the Parts

Most nonfiction books have helpful features. Our *Little Mitchie* titles include color photographs and graphic aids, a table of contents, and an index. Share the purpose of these features with your reader.

Color Photos and Graphic Aids

A lot of information can be found by "reading" photos, charts, maps, and other graphic aids found within nonfiction texts. Help your reader learn more about the different ways information can be displayed.

Table of Contents

Located at the front of the book, this list shows the big ideas within the text and the page numbers where they can be found.

Index

Located at the back of the book, an index is an alphabetical list of topics and the page numbers where they can be found.

With a little help and guidance about reading nonfiction, you can feel good about introducing a young reader to the world of *Little Mitchie* nonfiction books.

Mitchell Lane
PUBLISHERS

2001 SW 31st Avenue
Hallandale, FL 33009
www.mitchelllanepub.com

Little Mitchie

First Edition, 2026.

Author: Kim Thompson
Designer: Kathy Walsh
Editor: Tricia Hoffman

Names/credits: Kim Thompson
Title: First Phrases from Around the World
 Everyday Vietnamese
Description: Hallandale, FL:
Mitchell Lane Publishers, [2026]

Series: First Phrases from Around the World
Library bound ISBN: 979-8-89260-544-1
Paperback ISBN: 979-8-89260-586-1
eBook ISBN: 979-8-89260-545-8

Little Mitchie is an imprint of
Mitchell Lane Publishers

PHOTO CREDITS
Cover and Title pg: Adobe Stock: iukhym_vova, smile3377; Doodle Art Adobe: devitaayu, FourLeafLover, wanchana, veekicl, Rizky, mhatzapa, Kebon doodle, Asyam Design, piixypeach, syoko: istock: background, rica nohara; p5, rizal999; p4, DragonImages: Shutterstock: p4, 88stockvn, Dragon Images; p6, Dragon Images; p7, ViDISTudio, Eric Isselee, Rachel Bowes; P9, Raisa Kanareva; p 10, Dragon Images, avrebreakmedia; p11, zEdward_Indy; p12, Chiociolla, Chase D'animulls, BongoStock; p13, Maxx-Studio; p15 & 18, Dragon Images; p16, Evdokimov Maxim, Perfect Angle Images, TinnaPong; p19, Q88; p20, airdone, Roman Samborskyi, Dragon Images, Lopolo; p21, Pop-Thialand, AS Foodstudio, aslysun, Jang's Studio, Luong LegNunung Noor Aisyah; p22, Hung chung Chih, Ljupco Smokovski, Polkadot_photo, p23, antoniodiaz: Alamy: p5, David R. Frazier Photography; p6, Prostock-studio, Lucia Tieko; p10, Lev Dogachov; p12 & 14, Tetra Images, LLC; p13, MBI; p14, Hong Hanh Mac Thi; p15, Dragon Images; p17, Aflo Co., Ltd; p18, imagebroker.com GmBH & Co KG, Rolf_52; p19, grant massey;

Table of Contents

This Is Me

Tên tôi là Huy.

My name is Huy.

Đây Là Tôi

một
one
hai
two
ba
three
bốn
four
năm
five
bảy
seven
tám
eight
chín
nine
mười
ten
sáu
six
Tạm biệt!
Goodbye!

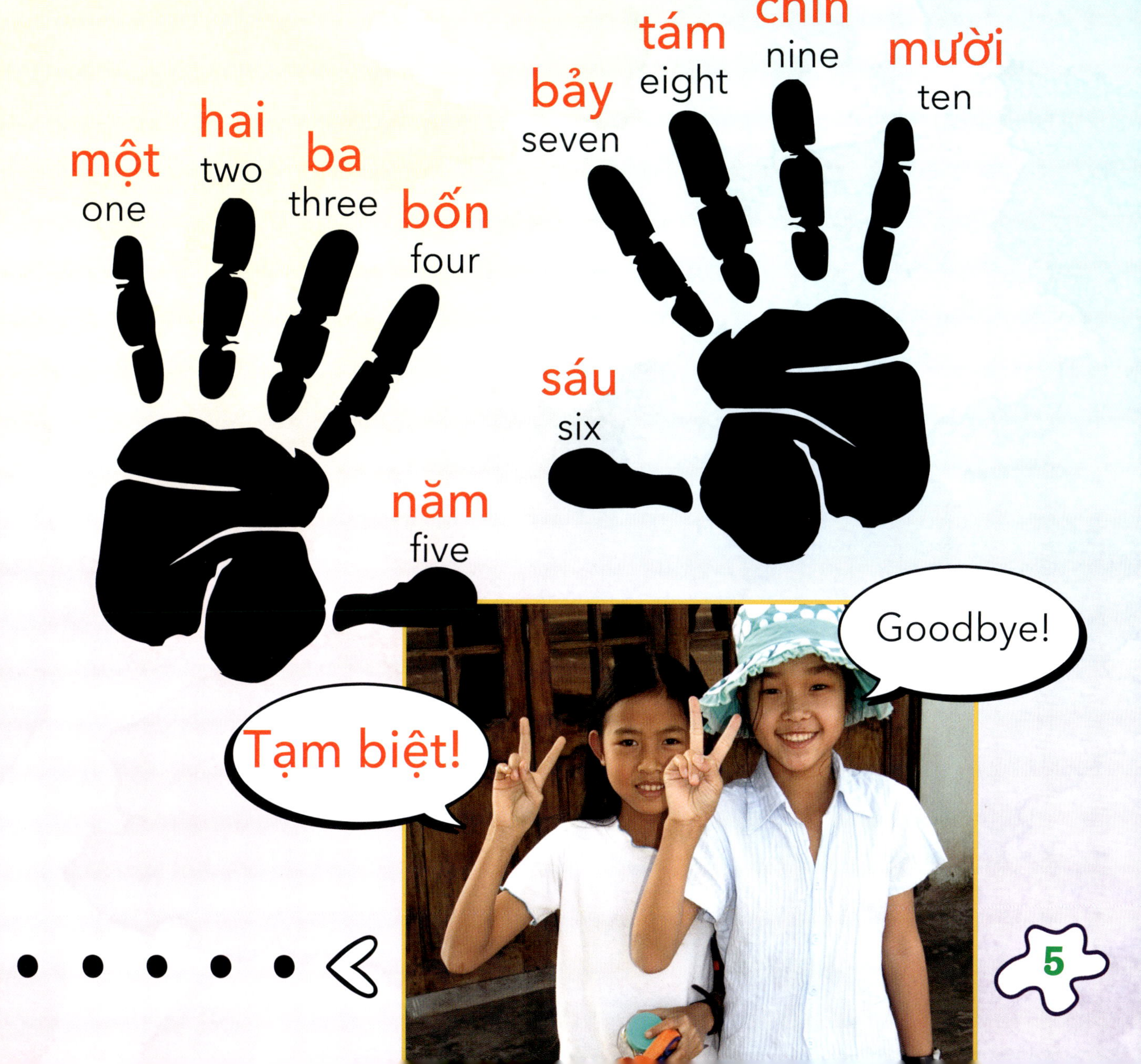

People and Pets

cha
father

em trai
brother

má
mother

chị gái
sister

Con người và Thú cưng

7

Today

Hôm nay là thứ năm.
Today is Thursday.

Chủ nhật
Sunday

Thứ hai
Monday

Thứ ba
Tuesday

Thứ tư
Wednesday

Thứ năm
Thursday

Thứ sáu
Friday

Thứ bảy
Saturday

Tháng là tháng tư.
The month is April.

Tháng một	January
Tháng hai	February
Tháng ba	March
Tháng tư	April
Tháng năm	May
Tháng sáu	June
Tháng bảy	July
Tháng tám	August
Tháng chín	September
Tháng mười	October
Tháng mười một	November
Tháng mười hai	December

Hôm nay

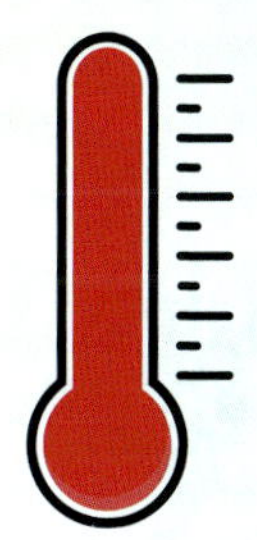

nóng
hot

lạnh
cold

nhiều mưa
rainy

nhiều nắng
sunny

Morning

Tôi chải tóc.

I comb my hair.

Tôi đánh răng.

I brush my teeth.

Tôi mặc áo khoác màu xanh lá cây.

I wear a green jacket.

màu cam
orange

màu vàng
yellow

màu xanh biển
blue

màu xanh lá
green

màu đỏ
red

màu hồng
pink

màu tím
purple

màu đen
black

màu trắng
white

Breakfast

bánh mì nướng
toast

nước cam
orange juice

thịt xông khói
bacon

trứng
egg

xe buýt
trường học
school bus

balo
backpack

School

Tôi đọc.
I read.

Tôi làm toán.
I do math.

Trường học

giáo viên
teacher
bàn làm việc
desk

Tôi cần giúp đỡ.
I need help.

Tôi có thể vào phòng tắm được không?
May I go to the bathroom?

Time to Play

Bạn sẽ chơi với tôi chứ?
Will you play with me?
Đúng!
Yes!

Tôi chạy.
I run.

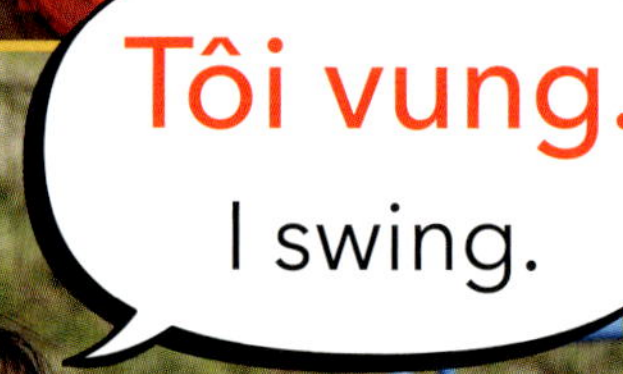

Tôi vung.
I swing.

Đến giờ chơi

17

Neighborhood

Tôi vẫy tay với bạn mình.
I wave to my friend.

Tôi đi đến cửa hàng.
I go to the store.

Cái này tốn bao nhiêu tiền?
How much does this cost?

Dinner

Vâng, xin mời.
Yes, please.

Không, cảm ơn bạn.
No, thank you.

Xin thứ lỗi cho tôi.
Excuse me.

Bữa tối

phở
soup

bun cha
meatballs

gỏi cuốn
spring rolls

bánh khọt
mini pancakes

gà rán
fried chicken

khoai tây chiên
french fries

Night

Tôi đi ngủ.
I go to bed.

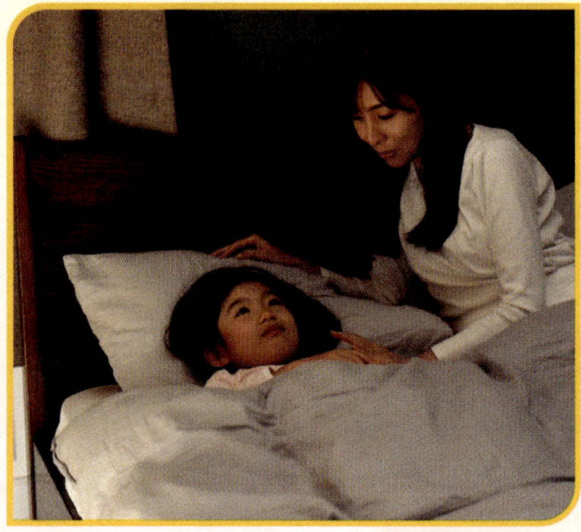

Tôi nhắm mắt lại.
I close my eyes.

Chúc ngủ ngon!
Good night!
cái gối
pillow
chăn
blanket
gấu bông
teddy bear

23

Index

About Vietnamese

Vietnamese is the official language of the country of Vietnam. It is spoken by approximately 85 million people in Vietnam and by about two million people in Vietnamese communities in other parts of the world. Vietnamese is a tonal language. Using a higher or lower pitch helps to tell one word apart from another. All Vietnamese words, except for words borrowed from other languages, have only one syllable. To choose the right word for addressing someone in Vietnamese, you need to take into account their age, their gender, and the closeness of your relationship.